**Las mascotas
de mi casa**

Los perros

Jennifer Blizin Gillis

Traducción de Paul Osborn

Heinemann Library
Chicago, Illinois

Page Layout by Kim Kovalick, Heinemann Library
Printed and bound in China by South China Printing Company Limited
Photo research by Heather Sabel

08 07 06 05 04

10 9 8 7 6 5 4 3 2 1

Library of Congress Cataloging-in-Publication Data
Gillis, Jennifer Blizin, 1950-
[Dogs. Spanish]
Los perros / Jennifer Blizin Gillis ; traducción de Paul Osborn
p. cm.--(Las mascotas de mi casa)
Includes index.
ISBN 1-4034-6033-7(hc), 1-4034-6040-X (pb)
1. Dogs--Miscellanea--Juvenile literature. I. Title.

SF426.5.G5618 2004
636.7--dc22

2004054399

Acknowledgments
The author and publishers are grateful to the following for permission to reproduce copyright material:
Cover photograph by Robert Lifson/Heinemann Library

p. 4 Ryan McVay/Photodisc Green/Getty Images; pp. 5, 14, 15, 16, 20, 22, back cover Robert Lifson/Heinemann Library; pp. 6, 18 Royalty-Free/Corbis; p. 7 Photodisc/Getty Images; pp. 8, 9 Marjan Hols Reis; p. 10 Dale C. Spartas/Corbis; p. 11 Ariel Skelley/Corbis; p. 12 Dale C. Spartas; pp. 13, 17, 19 Tudor Photography/Heinemann Library; p. 21 GK and Vikki Hart/The Image Bank/Getty Images; p. 23 (from T-B) Robert Lifson/Heinemann Library, Robert Lifson/Heinemann Library, Robert Lifson/Heinemann Library, Royalty-free/Corbis, Robert Lifson/Heinemann Library, Photodisc/Getty Images

Special thanks to our bilingual advisory panel for their help in the preparation of this book:

Anita R. Constantino
Literacy Specialist
Irving Independent School District
Irving, TX

Aurora Colón García
Literacy Specialist
Northside Independent School District
San Antonio, TX

Argentina Palacios
Docent
Bronx Zoo
New York, NY

Leah Radinsky
Bilingual Teacher
Inter-American Magnet School
Chicago, IL

Ursula Sexton
Researcher, WestEd
San Ramon, CA

Contenido

Unas palabras están en negrita, **así**.
Las encontrarás en el glosario en fotos de la página 23.

¿Qué tipo de mascota es ésta?

Las mascotas son animales que viven con nosotros.

Algunas mascotas son pequeñas y tienen plumas.

Mi mascota es grande y peluda.

¿Puedes adivinar qué tipo de mascota es?

¿Qué son los perros?

Los perros son **mamíferos.**

Los mamíferos producen leche para sus crías.

lobo

Los perros son primos de los **lobos** y los coyotes.

La mayoría de los perros viven como mascotas con las personas.

¿De dónde vino mi perro?

Una perra mamá tuvo una **camada** de cachorros.

Cuando nacieron, los cachorros no podían ver.

Los cachorros se quedaron con su mamá por ocho semanas.

Entonces llevé un cachorro a mi casa.

¿Qué tamaño tiene mi perro?

Al principio, mi perro era tan grande como un gato.

Tenía el peso de una bolsa grande de azucar.

Ahora mi cachorro es un perro.

Pesa tanto como una bicicleta.

¿Dónde vive mi perro?

Mi perro vive en la casa
con nosotros.

Duerme en una cama especial
para perros.

Duerme en mi cuarto de vez en cuando.

Hasta puede dormir en mi cama.

¿Qué come mi perro?

Mi perro come comida enlatada para perros.

A veces mi perro come comida seca para perros.

Mi perro también masca huesos.

Los huesos ayudan a mantener
sus dientes fuertes y limpios.

¿Qué más necesita mi perro?

Mi perro necesita un **collar** y una placa de identificación.

Éstos pueden ayudarme a encontrarlo si se pierde.

correa

Mi perro también necesita
una **correa.**

La correa se fija al collar para que
mi perro pueda dar un paseo.

¿Qué puedo hacer por mi perro?

Juego con mi perro todos los días.

Jugar es buen ejercicio para
los perros.

Cepillo a mi perro con un cepillo especial.

Ésto mantiene el **pelaje** limpio y suave.

¿Qué puede hacer mi perro?

Mi perro puede jugar a buscar y traer juguetes.

Cuando tiro una pelota, la encuentra y me la trae.

Mi perro puede ser de ayuda en la casa.

Puede que traiga el periódico dentro de la casa.

Mapa del perro

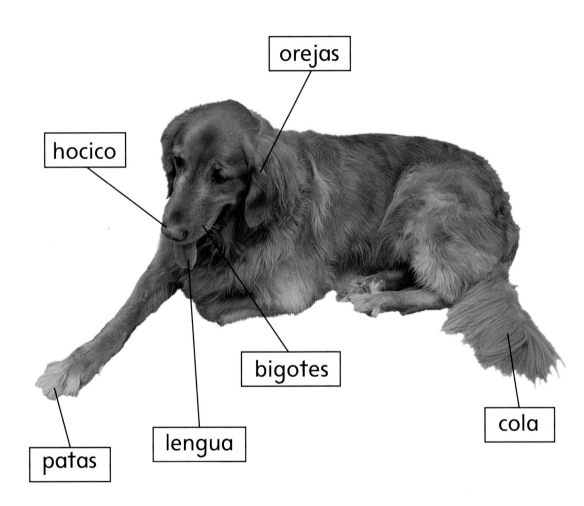

orejas

hocico

bigotes

cola

patas

lengua

Glosario en fotos

pelaje
página 19
pelo grueso que cubre el cuerpo de
un animal

collar
páginas 16, 17
tira de tela o cuero que una mascota
lleva en su cuello

correa
página 17
tira larga o cadena que se usa para
agarrar un animal collar de una mascota

camada
página 8
grupo de cachorros

mamífero
página 6
animal que tiene pelo o pelaje y que
produce leche para sus crías

lobo
página 7
tipo de perro salvaje que vive en lugares fríos
y que está despierto en la noche

Nota a padres y maestros

Leer para buscar información es un aspecto importante del desarrollo de la lectoescritura. El aprendizaje empieza con una pregunta. Si usted alienta a los niños a hacerse preguntas sobre el mundo que los rodea, los ayudará a verse como investigadores. Cada capítulo de este libro empieza con una pregunta. Lean la pregunta juntos, miren las fotos y traten de contestar la pregunta. Después, lean y comprueben si sus predicciones son correctas. Piensen en otras preguntas sobre el tema y comenten dónde pueden buscar las respuestas.

 AVISO: Recuerde a los niños que tengan cuidado al tocar a los animales. Las mascotas posiblemente arañen o muerdan si se encuentran asustadas. Después de tocar a cualquier animal, los niños deben lavar sus manos con agua y jabón.

Índice